AF313832

LA JURIDICTION

DES

CONSULS ÉTRANGERS.

LA JURIDICTION

DES

CONSULS ÉTRANGERS

ET SPÉCIALEMENT

DES CONSULS D'AUTRICHE

DANS LES PRINCIPAUTÉS DANUBIENNES.

PARIS

TYPOGRAPHIE DE HENRI PLON,

IMPRIMEUR DE L'EMPEREUR.

RUE GARANCIÈRE, 8.

1858

LA JURIDICTION

DES

CONSULS ÉTRANGERS

ET SPÉCIALEMENT

DES CONSULS D'AUTRICHE

DANS LES PRINCIPAUTÉS DANUBIENNES.

I.

La question moldo-valaque, qui, depuis trois ans, occupe trop peut-être l'attention de l'Europe, a eu le triste privilége d'exalter les passions, d'irriter les haines, de mettre en jeu une foule de sourdes intrigues et de calomnies publiques, pour favoriser les desseins de l'amour-propre, ou d'une politique égoïste. Un coin de l'Europe, oublié, ignoré depuis des siècles du reste du monde; l'exaltation turbulente d'une jeune nationalité fraîchement éclose; les aspirations à l'indépendance absolue d'une population peu civilisée encore; un droit public vague, incertain, se prêtant à des infractions de toute sorte et de toute part, élevé soudainement au rang périlleux de droit international, au moment même de sa réforme, au moment où la volonté arrêtée des puissances amies et alliées du pouvoir suzerain tâche de le rendre stable et précis; enfin, le plan de politique générale conçu par les grandes puissances pour l'appliquer à l'arrangement pacifique des affaires des principautés : voilà la scène, l'ensemble, les complications au milieu desquelles un auteur anonyme vient de jeter une question spéciale des plus délicates, touchant la compétence consulaire sur les nationaux respectifs dans les provinces moldo-valaques, en l'envisageant surtout sous le rapport de la gestion des agences autrichiennes à Bukharest et à Jassy.

La brochure intitulée « *l'Autriche dans les principautés danubiennes* », qui vient de paraître à Paris (chez N. Chaix et Cie, 1858), nous révèle aussitôt dans l'introduction, les motifs de la haine de son auteur contre l'Autriche. Il est partisan avoué de l'union, tandis que le cabinet de Vienne, d'accord avec la Sublime Porte et la Grande-Bretagne, s'est prononcé contre l'union. Chaque ligne de son travail est écrite avec l'intention de faire savoir qu'il a manié les affaires de l'un de ces pays, qu'il parle en connaissance de cause. Il affecte les airs d'un homme d'État; il a le calme apparent, la souplesse de prendre pour point de départ de sa discussion les idées favorites des puissants, auxquels il veut faire sa cour; mais au fond il y a évidemment égoïsme froissé, haine politique, emploi de la ruse, en faisant paraître une institution commune à toutes les nations « franques », comme un privilége que se serait indûment arrogé le gouvernement qu'il déteste, et en représentant les effets de ce privilége à travers le prisme de toutes les jalousies, de tous les anachronismes, de toutes les anomalies, qui se jouent actuellement sur la scène politique des principautés.

Heureusement, depuis la publication de cette brochure, la conférence de Paris a prononcé sans appel sur le sort de la nation roumaine. L'esprit de conciliation qui a présidé aux délibérations des grandes puissances, nous dispense de revenir sur la polémique passionnée, engagée entre les partisans et les adversaires du projet d'union.

D'ailleurs, la question touchant *la juridiction consulaire dans les principautés* n'a rien de commun avec leur fusion politique en un seul État. Nous allons donc la débarrasser de tous ces faux appareils de sentiments et de phrases, au moyen desquels notre écrivain boyard voudrait la dénaturer. Sans passion ni haine nous examinerons les thèses de droit qui s'y rattachent, les causes qui les ont motivées, l'usage qu'on en a fait, surtout de la part du gouvernement autrichien. Si, dans ce grave examen, nous sommes obligé de citer, à l'appui du point de vue pratique de la question, des exemples attristants de violences judiciaires et administratives, d'oublis incroyables des premières règles du droit commun et civil, des séries de méfaits gouvernementaux commis impunément contre des sujets paisibles, d'honorables négociants étrangers, établis dans les principautés, —l'auteur de la brochure « *l'Autriche dans les princi-*

pautés danubiennes » aura la conscience d'avoir provoqué ces révélations par l'insistance avec laquelle il demande un arrêt européen, remettant de suite et sans contrôle ni limites aux mains des logothéties, des tribunaux et administrations locales, la vie, l'honneur et la fortune des sujets étrangers, garantis jusqu'à un certain degré par l'antique « exception du for », stipulée dans les capitulations avec la Sublime Porte.

II.

Examinons d'abord l'idée fondamentale de la brochure dont nous nous occupons.

La brochure dont il s'agit fait monter aujourd'hui de 100,000 à 120,000 âmes les sujets autrichiens domiciliés dans les deux principautés et relevant de la juridiction consulaire. D'après ses indications ce sont des industriels, des commerçants, des artisans, des laboureurs, qui y sont venus exercer leur industrie et faire fructifier leur travail. L'auteur, malgré sa haine contre les Autrichiens, ne se plaint pas de leur conduite; il ne cite aucun fait qui puisse faire croire que les nationaux autrichiens abusent des priviléges antiques dont ils jouissent dans la Moldo-Valachie, comme dans le reste de l'Empire ottoman, ni de ce que ces colons ou industriels s'immiscent dans les affaires du pays ou vivent en mésintelligence avec la population indigène. Au contraire, il cite lui-même un fait très-caractéristique. Par une convention passée en 1851 entre le gouvernement de Galicie et la principauté de Moldavie (et nous ajouterons par une convention antérieure passée entre le gouvernement impérial de Galicie et la principauté de Valachie en 1842, que l'auteur de la brochure précitée semble ignorer), le gouvernement impérial s'engagea à ne laisser entrer dans les principautés d'autres sujets autrichiens que ceux qui justifieraient de la possession d'un capital suffisant pour entreprendre une industrie, ou bien ceux qui y seraient appelés par des affaires de parenté. Et cependant, ajoute l'auteur, depuis 1854 les consulats d'Autriche ont porté au décuple le nombre de leurs protégés.

Tout en faisant de grandes réserves, quant à l'exagération de ce prétendu renseignement statistique, nous prenons pour avéré le fait de l'augmentation des nationaux soumis à la juridiction consulaire d'Autriche dans les principautés, depuis l'époque indiquée. Mais ce fait lui-même prouve jusqu'à l'évidence, que ce ne sont pas des gens sans aveu, sans état, sans profession ou fortune qui sont venus d'Autriche dans les principautés, mais bien des industriels, des négociants et des artisans ayant déjà une certaine position sociale dans leur patrie. Nous prenons acte de cet aveu, et tout en réservant à un examen ultérieur les fausses imputations formulées contre les agences autrichiennes, quant à cette augmentation du nombre de leurs protégés, nous passons de suite à l'idée fondamentale de son écrit.

Citons textuellement ses paroles :

« Nous sommes fermes dans notre conviction que

l'Autriche ne craint pas du tout chez elle l'effet de l'union des principautés. Mais elle y voit un obstacle au développement qu'elle tend à prendre elle-même dans le bas Danube. Depuis qu'elle a réussi en 1854 à occuper militairement ces pays, elle a édifié tout un système d'absorption à leur égard. Il faut à tout prix que les principautés soient livrées aux turpitudes de l'hospodarat, tel qu'il peut être dans les conditions actuelles ; il le faut pour le succès du système en question. Pour que le système se développe, il s'agit d'empêcher toute espèce d'autorité de jamais fonctionner régulièrement dans les principautés ; il s'agit de condamner d'avance tout progrès moral ou matériel et d'entretenir le pays dans l'état de prostration, de lassitude et de marasme anarchique où il est plongé aujourd'hui. »

De deux choses l'une :

Ou l'auteur de la brochure qui fait l'objet de notre critique en est encore lui-même aux idées surannées et égoïstes de l'économie politique du dix-septième et du dix-huitième siècle, ou bien il accuse le gouvernement autrichien d'agir selon ses principes étroits et déplorables dans sa politique commerciale et internationale.

Vous nous racontez tout au long combien le nombre des nationaux autrichiens domiciliés dans les principautés augmente ; comment ils y font le commerce, exercent leurs professions, établissent des industries, cultivent les terres de vos boyards ; vous avouez vous-même (p. 18) que, grâce à l'exportation

des produits du sol, la richesse publique des principautés a augmenté au vingtuple, et que, malgré les vices de
l'administration, le budget même de l'État a quadruplé
et quintuplé depuis les derniers vingt-cinq ans. Le
gouvernement d'Autriche et les Autrichiens venus
sous sa protection dans les principautés danubiennes,
ont donc été bien maladroits ou bien malheureux
dans leur « système d'absorption » à l'égard des principautés ; ils ont donc mal réussi à « condamner tout
progrès moral ou matériel » dans ces deux pays ? Et
quel système encore, à votre dire ! Le système, mo-
difié selon les circonstances, appliqué par les Espagnols au Pérou et au Mexique, cause majeure de
la décadence politique et de la ruine nationale de
l'Espagne ; celui des Portugais aux Indes et des Hollandais aux Moluques, détruisant par le feu les épi-
ceries et autres produits coloniaux pour en maintenir
le prix en Europe !

Rien ne justifie mieux l'influence exercée par l'autorité dans les principautés danubiennes, que la simple
comparaison de ce qu'était, à ce qu'est devenu votre
pays, sous le rapport de l'agriculture et de l'économie
sociale. Anciennement vous étouffiez dans la fertilité
de votre sol, et la population de votre pays croupissait
dans la misère, faute de pouvoir échanger vos blés,
vos bestiaux contre les produits destinés à satisfaire
aux besoins, au comfort, et même au luxe de la vie
européenne, objets de votre convoitise incessante. Les
étrangers, les Autrichiens surtout, étant leurs voisins,
sont venus leur acheter leurs produits, leur apporter

en échange les denrées et marchandises dont vos populations manquaient; par le moyen de la navigation à vapeur, qu'ils ont organisée sur le fleuve commun à leur patrie et aux principautés, ils ont donné de la valeur aux produits, aux terres, aux propriétés; ils leur ont frayé la route de la mer si longtemps, si ignominieusement abandonnée. Certes, ils l'ont fait dans leur propre intérêt; mais c'est pourtant à eux et aux autres étrangers qui sont venus dans ce but s'établir dans vos provinces, c'est à l'exemple de leur activité, de leur industrie et de leur instruction, que l'on doit ce résultat immense de « la richesse publique vingtuplée et des budgets quintuplés » (nous n'insistons pas précisément sur l'exactitude rigoureuse des chiffres avancés par l'auteur) pendant ces dernières vingt années.

Ces faits établis, osez avancer encore que le gouvernement autrichien, « pour développer son système » à l'égard de vos provinces, a pris à tâche « d'empêcher toute espèce d'autorité de jamais fonctionner régulièrement dans les principautés; de condamner d'avance tout progrès moral et matériel, et d'entretenir le pays dans l'état de prostration, de lassitude et de marasme anarchique où il est plongé aujourd'hui. » Comment? vous pensez réellement que de nos jours un gouvernement, dont les sujets ont de nombreux et de graves intérêts matériels et moraux dans un pays étranger, voisin ou non, croit pouvoir les protéger, les augmenter, les faire fructifier en travaillant à retenir ce pays dans la prostration, dans la lassitude et dans le marasme anarchique, en s'opposant à ses progrès moraux ou matériels et au fonctionnement régulier de ses autorités publiques! Mais alors nous avions raison de dire que vous imputez à l'Autriche, à l'égard du pays dont vous prétendez être le défenseur, la politique d'économie nationale appliquée anciennement par les Espagnols et les Hollandais à leurs colonies d'outre-mer. Quant à l'Autriche, vous n'avez qu'à jeter un coup d'œil sur les actes notoires de son gouvernement, surtout depuis le commencement du règne de l'empereur François-Joseph Ier jusqu'à ce jour, pour vous convaincre, si toutefois vous demandez sérieusement à être convaincu, que tous les actes, toutes les mesures, la tendance entière du gouvernement de cet empire sont basés sur un système d'économie politique et internationale *diamétralement* opposé aux idées sur lesquelles vous brodez vos accusations décousues.

Nous demandons à tout homme sérieux, si la politique surannée et funeste, que l'auteur de la brochure mentionnée impute à l'Autriche, peut raisonnablement être attribuée à un gouvernement, qui, pendant ces dix dernières années, a renversé de fond en comble, et dans toutes les provinces de l'empire, les anciennes institutions contraires aux exigences de la science gouvernementale de notre siècle, en affranchissant le sol de toutes impositions féodales, en libérant tous ses sujets de leur ancienne servitude envers leurs seigneurs; en rendant le code civil et le code pénal applicables à tous les sujets de la monarchie

sans distinction de rang ni de fortune, malgré l'opposition de classes influentes dans plusieurs parties de
l'empire; en sillonnant le territoire de routes et de
chemins de fer dignes de l'admiration des étrangers;
en renversant toutes les barrières de douanes entre ses
provinces, et le système prohibitif en général; en éta-
blissant l'impôt égal pour toutes les classes de la population et tous les pays de la couronne; d'un gouvernement qui s'applique avec persévérance à conclure
des traités de commerce et de navigation avec tous les
États, sur le pied de l'égalité; qui a fait avec le
Zollverein allemand un traité de commerce et de
douanes sur les bases les plus libérales, dans le
but, explicitement indiqué dans le traité, de con-
fondre plus tard dans une seule réunion douanière,
ces immenses territoires de l'Europe centrale comp-
tant soixante-dix millions d'habitants; d'un gouvernement enfin qui a aboli la censure ainsi que le système des passe-ports, et dont les emplois, dignités et
grades, jusqu'aux plus éminents, ont été rendus
accessibles aux plus dignes, sans distinction de nais-
sance.

La tendance, que trahit en plusieurs endroits l'auteur de la brochure « *l'Autriche dans les principautés
danubiennes* »; l'esprit arriéré que décèle son écrit
d'un bout à l'autre, nous font croire que lui, de son
point de vue boyard, il croirait vraiment agir en
homme d'État consommé, si étant ministre d'Autriche, il « condamnait d'avance tout progrès moral
et matériel dans les principautés, en empêchant le

fonctionnement régulier de toute espèce d'autorité; »
convaincu que ces moyens odieux seraient tout à fait
dans l'intérêt du commerce et de l'industrie des sujets
de la puissance, qui voudrait exploiter jusqu'à l'ina-
nition ses pauvres petits voisins, et présenteraient une
belle et ingénieuse application d'un « système d'absorption politique ».

Nous n'entendons pas nier qu'au siècle dernier,
le plan que notre adversaire suppose être celui de
l'Autriche n'eût été considéré par une foule de
personnes comme le comble d'une profonde sagesse
gouvernementale, puisque aujourd'hui encore, des
hommes politiques de la trempe de l'auteur de la
brochure qui nous occupe, jugent des choses dans la
supposition d'un tel système d'astuces sublimes. Ils
ignorent, ou ne veulent pas comprendre, qu'un grand
pays poursuivant avec zèle et persévérance la voie de
l'économie politique moderne dans toutes les direc-
tions de la vie sociale, tant à l'intérieur que dans ses
rapports avec l'étranger, a des moyens bien autre-
ment énergiques et très-avouables pour la propagation
de son influence et pour la protection des intérêts de
ses sujets dans les pays voisins. C'est en poursuivant à
leur égard aussi la politique essentiellement et nécessairement libérale (dans l'acception pure, morale et
monarchique du mot) qui fait la base de son propre système gouvernemental; en travaillant à leur assurer avant tout la plus haute garantie de tout progrès, de tout développement social : l'ordre public,
la stabilité d'un État légal, fondé sur l'intégrité de la

magistrature et de l'administration et sur l'autorité irrésistible de la loi; en favorisant l'essor de leurs richesses nationales; en prêtant la main, autant que faire se peut, à l'établissement des grandes routes, des chemins de fer, des banques, à l'exploitation des mines, à la création des greniers d'abondance, des usines et fabriques dans le territoire des pays, dont la tranquillité et le bien-être influe sur celui de ses propres provinces voisines, et sur l'avenir d'un grand nombre de ses sujets domiciliés dans ces contrées mêmes; en veillant surtout à préserver ces voisins, nouvellement introduits dans la société européenne, des dangers de l'anarchie, qui tue tout bien-être social et individuel, et de l'arbitraire oligarchique, qui trop longtemps a retenu ces fertiles contrées dans la misère et l'ignorance.

Nous venons de tracer la politique de l'Autriche à l'égard des principautés danubiennes, politique imposée à cette puissance par les grands principes fondamentaux de son gouvernement actuel, principes dont il ne saurait se départir sans une réaction violente contre l'ensemble de ses nouvelles institutions, et contre la tendance générale du gouvernement de l'empereur François-Joseph. Tout puissant et absolu qu'il est, ce gouvernement ne pourrait jamais poursuivre à l'intérieur, et envers les pays qui l'avoisinent au nord, au midi et à l'ouest, les tendances que nous avons caractérisées par leurs effets notoires, s'il mentait à son système entier, par rapport au petit bout de ses confins vers l'est. Tout le monde le comprendra,

tout le monde, excepté ceux qui ont un intérêt personnel à ne pas le comprendre.

III.

La juridiction consulaire des puissances européennes sur leurs sujets domiciliés ou voyageant dans
les provinces danubiennes a la même origine histo-
rique, la même base légale et internationale que celle
qui se pratique dans le reste de l'Empire ottoman.

L'auteur de notre brochure se trompe, quand il
fait remonter l'origine des immunités des étrangers
au principe adopté par Mahomet II à l'égard de ses sujets non musulmans. L'autonomie intérieure accordée
aux différentes classes de ces derniers était et est aujourd'hui encore du domaine *du droit public* de l'Empire ottoman, tandis que les priviléges et immunités
des nations étrangères ont été établis et sanctionnés
par des actes du domaine du *droit international.* La
différence entre ces deux catégories est immense : un
État souverain est toujours libre de faire à son gré et
selon ses vues et opinions, des changements nécessaires ou utiles à son droit public, tandis que des
concessions ou priviléges accordés à des sujets étrangers, dans des conventions internationales, ne peuvent être retirés ni amoindris qu'en vertu d'une nouvelle convention synallagmatique. De même que
notre auteur se trompe en assimilant le caractère légal
des deux catégories, il est dans l'erreur quand il leur
assigne une seule et même origine. La juridiction

2

spéciale, nationale et religieuse accordée par les sultans conquérants aux différentes nationalités non musulmanes soumises à leur sceptre, fut un don, un octroi souverain, comme cela s'est fait souvent au moyen âge, dans les pays chrétiens aussi, de la part de suzerains conquérants envers des provinces entières ou des classes de la population. Les immunités accordées aux étrangers domiciliés dans l'Empire ottoman ont été, au contraire, presque toutes acquises par des traités conclus à la suite de guerres sanglantes ou de conventions arrachées à la Porte Ottomane, comme prix d'une alliance ou d'une neutralité importante pour sa politique étrangère; toutes les anciennes capitulations, tous les traités de paix des puissances européennes avec la Porte en font foi. Ce sont des priviléges acquis à titre onéreux et inscrits par contrats bilatéraux au livre spécial du droit international.

Est-ce bien à l'incurie des sultans, à l'incompatibilité de leur loi civile, essentiellement religieuse, avec les besoins de la population non musulmane, que les sujets étrangers doivent cet *exceptio fori?* Est-ce bien par l'usage du pays que les consuls, qui vinrent plus tard *s'établir* dans les États ottomans, se trouvèrent investis du pouvoir de juridiction sur leurs nationaux, en vertu d'un principe déjà en vigueur dans l'organisation politique du nouvel empire? L'auteur de notre brochure le prétend; les capitulations et traités de paix disent le contraire.

Non, ce n'est pas si bénévolement que cela s'est fait! Les grands princes de la dynastie d'Othman n'ont pas

été si débonnaires pour exempter, de leur propre
chef, les sujets étrangers, habitant leur pays, de l'autorité écrasante du sultanisme. Il y en avait beaucoup qui ne comprenaient pas comment un padischah
ou même son délégué, vizir, pacha ou kaïmakam,
pouvait rencontrer un empêchement légal à faire
empaler un individu quelconque qui lui déplaisait.
Effectivement ces limites n'existaient pas en faveur
des sujets, soit chrétiens, soit mahométans; la juridiction spéciale accordée aux Grecs, aux Albanais et
jusqu'aux juifs, ne libéra nullement les individus
appartenant à ces classes du pouvoir absolu de vie et
de mort exercé sommairement par le souverain et par
ses dignitaires. Mais ce même absolutisme écrasant,
délégué jusqu'au dernier cadi sur ses administrés, fut
la cause, la bonne et juste raison de l'exemption du
for, du privilége des étrangers de n'être justicia-
bles que des ambassadeurs et consuls de leur propre
pays; priviléges conquis sur la Turquie dans le cou-
rant des siècles par les puissances chrétiennes, soit par
la guerre, soit pour prix de leur alliance. Il faut le
dire franchement, le for privilégié des sujets étrangers
en Turquie a été requis et conquis par défiance de la
justice territoriale, comme un gage nécessaire et in-
dispensable contre l'arbitraire d'un gouvernement
dont les idées, les principes de droit, l'organisation
civile et judiciaire différaient essentiellement de ceux
de l'Europe chrétienne; c'était le *conditio sine qua non*
de tout commerce et de toute communication des
nations européennes avec les pays soumis, direc-

2.

tement ou indirectement, à la domination ottomane.

Le *ratio legis* des capitulations et stipulations de paix garantissant ces priviléges des étrangers, la défiance des puissances chrétiennes contractantes de la justice des autorités locales, n'a pas été moins grande à l'égard des provinces danubiennes que de toute autre administrée dans les possessions turques. Nous sommes peinés de l'avouer, mais les faits et documents historiques sont là pour en faire preuve. Ce ne fut pas sans dessein, assurément, que le sultan Mahmoud, dans l'introduction à la capitulation de 1740 (complétant ou sanctionnant de nouveau les anciennes capitulations françaises de 1535 et de 1604), conclue avec le roi Louis XV de France, porte entre autres le titre de *Souverain de toute la Valachie, la Moldavie*, et que parmi les officiers et fonctionnaires de l'Empire qui auront à veiller à la stricte exécution des priviléges français, les articles 51 et 76 indiquent explicitement les *voivodes*, tandis que l'article 59 contient des dispositions sur le libre transit des marchandises *par le Danube*. La capitulation néerlandaise de 1612 contient des dispositions très-avantageuses pour les citoyens des Pays-Bas, avec la stipulation explicite (à l'article 60), en tous les *lieux et échelles de mon empire situés sur le Danube*. De même le traité de commerce et de navigation conclu entre l'Autriche et la Sublime Porte (27 juillet 1718) étend aux sujets de l'Empereur romain et des habitants de toutes les principautés de l'empire germanique les immunités accordées aux nations les plus favorisées, quant au commerce et à la juridiction consulaire, et stipule longuement en faveur de la libre navigation riveraine du *Danube*. Le traité de paix de Belgrade (en 1739) confirme et étend encore ce privilége du for étranger, respecté dans les provinces danubiennes, comme dans le reste de l'Empire ottoman, ainsi qu'il appert d'un ordre du Sultan au prince Michel de Valachie, du 16 octobre 1783, imprimé dans le recueil de Martens (t. III, p. 278), et enjoignant de *nouveau* au voivode, et comme consacration d'un ordre de choses *longtemps établi,* « de prendre soin de tout ce qui se rapporte aux capitulations impériales, et de les exécuter strictement avec soumission et obéissance ».

Il n'est donc pas vrai que « la juridiction consulaire sur les étrangers n'a été introduite » que progressivement dans les principautés, depuis la fin du dernier siècle, et plutôt par analogie avec ce qui se pratiquait dans les autres parties de l'Orient que par principe. » (P. 12 de la brochure.) Par principe comme en pratique, les principautés ont été assimilées, dès l'origine des capitulations, au reste de l'Empire ottoman, et les sujets des puissances contractantes y ont toujours joui, ainsi que nous l'avons prouvé, des mêmes immunités et priviléges que sous la domination directe de la Sublime Porte.

Au surplus, la conférence de Paris vient de trancher complétement la question par l'article 8 de la Convention signée le 19 août, et dont les ratifications ont été échangées le 2 octobre de l'année courante. Cet article dit textuellement :

Comme par le passé, les traités internationaux qui seront conclus par la cour suzeraine avec les puissances étrangères seront applicables aux principautés dans tout ce qui ne portera pas atteinte à leurs immunités.

Après avoir établi la validité des antiques prérogatives appartenant aux puissances étrangères dans les principautés, et avant d'examiner les griefs spéciaux articulés par l'auteur de la brochure contre l'exercice de la juridiction consulaire autrichienne en particulier, il y a lieu de considérer de près les procédés des autorités moldo-valaques à l'égard d'étrangers domiciliés dans ces pays. Ont-elles mérité jusqu'ici la confiance des puissances européennes, au point de faire renoncer ces puissances au privilége du for établi en faveur de leurs sujets, et de faire rentrer les principautés, *aujourd'hui déjà,* dans le droit commun et international en vigueur (sous ce rapport) entre les États régulièrement constitués?

Voilà la question préjudicielle. Ce n'est pas d'après des doctrines abstraites, ni par des phrases sonores, mais par l'examen des faits patents et avérés, qu'elle peut être résolue.

IV.

Notre adversaire plaide en faveur de la compétence des tribunaux moldo-valaques, en ce qui concerne les intérêts des sujets étrangers établis dans cette partie de l'Empire ottoman, soit dans les affaires de commerce et de faillite, soit en matière pénale.

Quant au droit et à la compétence, selon les capitulations, les traités et l'usage établi, nous croyons l'avoir assez démontré plus haut.

Nous devons cependant reconnaître que les autorités de ces pays se sont arrogé quelquefois l'exercice de l'autorité judiciaire, en matière de commerce et de faillites, sur des sujets étrangers. Ce fut surtout quand les intérêts de quelques puissants boyards se trouvèrent en jeu, que les autorités locales usurpèrent la compétence, en passant outre malgré l'opposition et les protestations des consulats.

Voyons l'usage que l'on a fait de cette usurpation de pouvoir.

Nous avons devant nous un *memorandum* concernant le procès des frères M. et J. *Boujoukly*, sujets autrichiens, avec le boyard moldave Georges Ghyka, accompagné d'un « Extrait *officiel* des archives moldaves à l'appui des faits signalés, suivi de l'arrêté du tribunal de première instance de Jassy, du 1er juillet 1852 ; » pièces communiquées à MM. les commissaires des puissances signataires du traité de Paris dans les principautés. Nous ne puisons les faits que dans les *documents officiels :* ils sont assez curieux et instructifs.

Ce procès, conduit et jugé par les tribunaux moldaves contre des sujets autrichiens, présente une série d'irrégularités, de violences et d'injustices auxquelles on aura peine à croire dans le reste de l'Europe. MM. Boujoukly avaient eu le malheur d'aider de leur fortune et de leur crédit, jusqu'au montant de la somme de 36,200 ducats, un boyard moldave, le logothète Georges Ghyka, dans la détresse où il se trouvait. Pour le recouvrement de leur créance, ils obtinrent de leur débiteur des biens-fonds en bail pour sept années, ainsi que 2,200 faltches de forêts, que le boyard leur vendit. Cette négociation avait été conclue de bonne foi : bientôt MM. Boujoukly apprirent que la moitié de la forêt à eux vendue n'existait pas. Le boyard, après avoir conclu sa paix avec l'hospodar, contre lequel, jusqu'à cette époque, il avait fait une opposition permanente, commit une série d'infractions au contrat de bail, en retenant pour son compte deux moulins; en défendant aux fermiers la pêche des étangs; en différant, pendant dix-huit mois, l'arpentage de la forêt vendue, etc. Dans cet état de choses, les frères Boujoukly, n'étant pas en possession des choses vendues et louées, protestèrent (le 27 décembre 1836) contre tout versement ultérieur, demandant en même temps à être mis en jouissance des objets et avantages stipulés dans le contrat. Mais, au lieu d'ordonner purement et simplement l'exécution d'un contrat *non contesté*, le gouvernement moldave rendit une *ordonnance générale*, portant que, dorénavant, « en matière de contrats de fermes, les *réclamations des propriétaires* seront traitées par voie *exécutive*, tandis que les *réclamations des fermiers* seront du ressort des *autorités judiciaires*. » Cette thèse monstrueuse d'inégalité devant la loi, tout récemment introduite sans vote ni sanction de l'assemblée législative, fut appliquée de suite, *par action rétroactive*, à la cause Boujoukly. Toutes les protestations du consulat autrichien, contre cette double infraction aux premiers principes généraux de toute jurisprudence, restèrent vaines et sans effet. Au premier débat contradictoire devant le tribunal de justice de Jassy, le fondé de pouvoirs de M. Ghyka, boyard influent lui-même, qui avait été ministre de la justice quelques mois auparavant, et avait nommé les juges qui devaient connaître de la cause, occupe le fauteuil du président. On produit deux pièces en faveur de la partie adverse, que MM. Boujoukly déclarent être fausses. Ils demandent que le tribunal vide cette question préjudicielle avant toute autre, puisque les pièces produites se rattachent au fond de l'affaire plaidée. Le tribunal, sans faire droit à cette réclamation, passe outre, et MM. Boujoukly se retirent en protestant en plein tribunal : protestation renouvelée quelques jours après, devant le département de la justice et devant l'hospodar. Le tribunal de Jassy ne s'en émeut nullement : il rend un jugement par défaut, et, sur *la foi même des pièces fausses* produites à l'audience, il déclare MM. Boujoukly déchus de la majeure partie de leurs réclamations.

A la notification de ce jugement inique, l'agence impériale d'Autriche proteste de toutes ses forces contre la compétence du tribunal, contre l'application rétroactive de l'ordonnance hospodariale mentionnée ci-dessus, contre les irrégularités d'un procès jugé sous la présidence d'honneur du fondé de pouvoirs de la partie adverse, enfin contre le jugement même rendu sur des pièces déclarées fausses ou falsifiées par la partie civile, sans examen préalable de cette question essentiellement préjudicielle. Tout cela resta infructueux ; le divan d'appel confirma le jugement rendu, et malgré les nouvelles protestations du consulat d'Autriche, l'hospodar délivre à M. G. Ghyka une « chryso-bulle » qui déclare les frères Boujoukly déchus de leurs réclamations.

Toutefois ce procès monstrueux ne fut que *le premier acte* de spoliation commis contre des sujets autrichiens qui avaient eu le tort immense d'avoir contracté avec un puissant boyard.

Nous avons mentionné l'ordonnance hospodariale rendue *ad hoc* et avec force rétroactive. La spoliation judiciaire consommée, le débiteur devint créancier, et le pouvoir exécutif, juge.

Le jugement du tribunal précité reconnaissait un solde de 1744 ducats à la charge des Boujoukly, tout en maintenant le contrat.

Immédiatement après le jugement rendu, *qui ne fut pas même notifié* aux frères Boujoukly, habitants de Jassy, M. Georges Ghyka, par une simple requête présentée *au département de l'intérieur, élevant tout à coup le solde ci-mentionné de 1,744 ducats à la somme de 22,350 ducats,* demande le séquestre et la vente de tout ce que ses fermiers possèdent sur la terre de Délény, y compris l'exploitation de cette ferme jusqu'à concurrence de sept années stipulées dans le contrat. Le *département de l'intérieur, sans vérifier les titres* du boyard à une semblable prétention et *sans entendre les Boujoukly à cet égard*, s'empresse d'opérer cette saisie, et fixe un terme de quarante jours pour la vente de tout ce que les fermiers possèdent à Délény en produits, bestiaux, appareils d'exploitation, etc., et *des effets même appartenant à des tiers*.

Alarmés de ce procédé et pour eux-mêmes et pour leurs créanciers, les frères Boujoukly déposent en 1837 à l'agence autrichienne leur bilan, se soldant par un excédant de 4011 ducats sur le passif. Ils prient le consulat d'aviser aux voies légales pour satisfaire leurs créanciers. L'agence impériale et royale rappelle à la logothétie de Jassy ses prérogatives judiciaires sur la fortune et la personne d'un sujet autrichien et sa compétence de régler la masse ; mais celle-ci maintient la saisie des biens des Boujoukly et charge le tribunal de première instance de procéder à la formation d'une masse pour la liquidation de toutes les dettes, y compris le solde revenant à M. Ghyka. Alors ce tribunal, *sans former de masse, sans entendre les Boujoukly* (qu'il qualifie de *faillis*), *sans les citer devant lui, sans appeler ou convoquer leurs créanciers, sans nommer ni curateur, ni agent ou syndic* pour sauvegarder les droits des autres créanciers, élève, par *simple apostille* dépourvue de toute légalité, en *contradiction avec sa propre sentence et à l'exclusion de tout autre créancier*, à 18,255 ducats le solde de 1,744 ducats, qu'il avait primitivement adjugé à M. Ghyka. Pour compléter ce beau procédé, le *divan d'appel,* par une nouvelle apostille, sur le rapport du tribunal de première instance, livre entre les mains .du boyard une somme de 37,742 ducats sur l'actif de la fortune des prétendus « faillis » en payement du solde primitif de 1,744 ducats. Tout ceci encore sans appeler ni convoquer les autres créanciers, sans nomination d'agent ou de syndic de la masse, sans entendre les prétendus débiteurs !

Le consulat d'Autriche fait protestation sur protestation contre ce procédé scandaleux : le gouvernement moldave ne s'en émeut pas le moins du monde. En attendant, la maison appartenant aux faillis à Jassy est mise aux enchères, et on en offre 1,800 ducats. Le divan d'appel ne ratifie pas la vente, et la fait faire sous main au prix de 950 ducats. Plus tard cette somme réduite ne se retrouve même pas à la masse : elle a disparu. D'autres propriétés des Boujoukly, désignées dans le mémoire précité, et évaluées à la somme de 7,800 ducats, sont délaissées par l'incurie du tribunal, pendant la longue durée du procès. Faute de surveillance, les constructions à Fokchan tombent en ruines ; un magasin situé à Galatz est démoli sans indemnité et sans l'intervention de l'autorité, pour construire une église à sa place ; enfin une terre entière, celle de Tetresty, reste sans surveillance ni administration. L'actif de la masse, présentant un excédant de 4,000 ducats sur le passif, de l'aveu même du premier jugement du tribunal de première instance de Jassy lors du dépôt du bilan en 1837, disparaît ainsi, soit par détournement de fonds, soit par disparition de sommes déposées, soit enfin par délaissement, de sorte que la *logothétie de la justice* moldave reconnait *elle-même* dans sa note adressée au consulat général d'Autriche sous la date du 26 janvier 1848, que *l'administration locale a poussé son incurie jusqu'à ignorer ce qu'est devenue la fortune des Boujoukly.*

Ainsi se termina ce fameux procès. La masse illégalement formée, perdue, engloutie ; la maison déclarée en faillite ouverte, malgré un excédant reconnu de l'actif sur le passif, frustrée de ses biens ; ses créanciers non convoqués, non avertis, ne reçoivent pas un sou ; le bien dotal de la femme d'un des frères associés est perdu ; enfin un actif imposant disparaît comme dans un gouffre, sous les mains de cette justice, et aucun des créanciers et des ayants droit n'en reçoit un para, à l'exception de ce boyard, qui ruine ses créanciers et fermiers, et finit par recevoir, par ordre du divan d'appel moldave, une somme de 37,742 ducats sur l'actif de la masse, en payement d'un solde primitif de 1,744 ducats !

Quatre fois la Sublime Porte intervint dans cette affaire par des firmans et lettres vizirielles. La première fois en 1839, quand le gouvernement impérial de Russie appuya les réclamations autrichiennes, parce que plusieurs de ses sujets, créanciers de la masse, avaient été frustrés comme les autres. On s'y *conforma*, en procédant à une *enquête*, faite par un *comité* composé *du même boyard*, M. Georges Ghyka, en faveur duquel toutes ces monstruosités judiciaires s'étaient faites, *de son frère* et d'*un autre de ses parents*. Ce comité, comme on le pense bien, fit un rapport dans lequel il déclara toute la procédure faite en bonne et due forme, en s'appuyant sur une déclaration écrite d'un curateur nommé par l'agence impériale d'Autriche, M. Vinkler, qui n'avait jamais géré la masse, et qui, après avoir eu connaissance de ce rapport, déclara au consulat être prêt à affirmer, *sous serment*, n'avoir *jamais écrit ni signé cette déclaration*. Au second ordre viziriel de 1841, on répondit qu'il y avait *chose jugée ;* au troisième du 5 août 1849, on ne répondit plus du tout. Enfin, en 1855, un firman de la Sublime Porte déclare toutes les décisions dans ce procès nulles et comme non avenues. Il reste *lettre morte,* vu « l'autonomie » de la principauté de Moldavie.

La cause « Boujoukly » restera comme « *cause célèbre* » de la justice moldave envers des sujets étrangers établis dans cette principauté.

Avouons, toutefois, que les procédés envers des étrangers, *créanciers* de sujets moldaves, furent plus simples et plus naïfs. Prenons, pour le constater, le premier cas qui se présente à notre mémoire.

En 1845, les négociants Goldner et Hart de Jassy, sujets moldaves, se déclarent insolvables devant le tribunal de ladite ville, et cette magistrature décréta, en conséquence, la fortune entière des faillis soumise au procès de faillite. Le tribunal communique au consulat général d'Autriche le bilan déposé par ces faillis, dans lequel M. Habel de Gratzen, en Bohême, comme représentant des établissements industriels de M. le comte Boucquoi, est reconnu créancier de la masse pour la somme de 9,000 piastres (3,000 francs à peu près), pour des verres de Bohême, etc., etc., vendus et livrés auxdits Goldner et Hart, par cet établissement industriel. Bientôt les *créanciers moldaves* de la masse trouvent moyen de s'arranger de gré à gré avec les faillis, et en avertissent le tribunal de Jassi. Celui-ci, sans *ordonner la convocation des créanciers, et sans s'occuper des créanciers étrangers, sans exiger une garantie quelconque* pour le payement de ces dettes, consent au concordat extra-légal des indigènes, sans s'arrêter aux formes prescrites par les lois et codes de commerce de toutes les nations civilisées du monde, et remet auxdits Goldner et Hart la libre administration de leurs biens, *sans condition ni réserve*, et *sans en avertir seulement les créanciers étrangers* ou les consulats, auxquels on venait de communiquer l'arrêt prononçant l'ouverture du procès de la faillite.

Quand la réintégration illégale et clandestine des faillis dans la disposition de leur fortune, et le concordat illégal et frauduleux avec leurs créditeurs indigènes furent consommés, M. Habel, qui, ainsi que les autres créanciers étrangers, ne se doutait de rien, vint pour faire liquider par l'entremise du consulat général autrichien à Jassy, sa créance de 9,000 piastres. La réponse de la grande logothétie de justice moldave, à la note de l'agence autrichienne;

fut d'une naïveté ou plutôt d'une impudence inouïe. Les débiteurs, disait-elle, ayant payé leurs dettes après l'ouverture du procès de faillite, le tribunal du district a déclaré cette procédure close et terminée. La grande logothétie de justice, ainsi que le secrétariat d'État moldave, approuvèrent complétement ce procédé, qui excluait, sans excuse ni prétexte, les créances étrangères reconnues par les faillis et par le tribunal lui-même, de la répartition du produit de la masse, en ajoutant toutefois, complaisamment, que l'établissement industriel autrichien était libre de s'adresser ou à l'autorité administrative du pays, pour demander un mandat d'exécution mobilière ou immobilière contre ses débiteurs, dans le cas où ceux-ci auraient signé une *lettre de change*, ou bien au tribunal criminel, dans le cas où ils croiraient pouvoir accuser de fraude les sieurs Goldner et Hart.

Il est inutile d'ajouter, pour quiconque est tant soit peu versé dans les usages et coutumes du commerce, qu'en général la livraison de marchandises ne se fait pas contre la signature de lettres de change, et que ces créances sont presque toujours prouvées par les livres de commerce du vendeur, et l'accusé de réception de l'acheteur. Quant à l'accusation pour fraude, la restitution de la masse ayant été décrétée par le tribunal lui-même, qui avait eu connaissance officielle des créances étrangères par le bilan déposé, et qui néanmoins avait validé le concordat séparé, conclu par les faillis avec leurs créanciers indigènes, il était évident que cette réserve impliquait plutôt une ironie de mauvais goût qu'un avis sérieux. Aussi la maison étrangère se garda-t-elle bien de suivre le conseil ironique du tribunal, qui avait sanctionné la fraude commise contre elle et les autres créanciers étrangers. Jamais on n'entendit plus parler de ces 9,000 piastres.

Si, pour citer des exemples des procédés judiciaires contre les étrangers, nous n'avons choisi que des faits concernant les intérêts de sujets autrichiens dans la Moldavie, la raison s'en explique facilement. Nous n'avons devant nous que des procès autrichiens dans la principauté moldave, et nous avons cru ne devoir rapporter, à l'appui de notre opinion, que des *faits constatés* par les *actes judiciaires et irrécusables*. Le choix était remarquablement riche, et nous n'en avons pris que deux causes. Nous avons tout lieu de croire qu'on ne manque pas d'exemples pareils en Valachie, et nous en appelons aux archives des consulats anglais, russes et autres dans les principautés, pour qu'ils portent témoignage, eux aussi, du degré de confiance qu'ont mérité *jusqu'ici* et *en général* les procédés des autorités locales envers les étrangers, surtout en matière de commerce et de faillites.

V.

Nous arrivons à l'examen des *griefs spéciaux articulés* par l'auteur de la brochure *contre l'exercice de la juridiction consulaire* dans les principautés, *surtout de la part des consulats d'Autriche.*

Voyons d'abord les plaintes qu'il porte sur la prétendue usurpation de prérogatives judiciaires de la part des consulats *en matière pénale.*

« Les (étrangers) criminels, » dit-il (p. 11) en esquissant un prétendu ancien état de choses, « devaient être *renvoyés dans leur pays* pour y subir *la peine selon les lois de leur pays;* mais le crime constaté judiciairement dans les principautés *n'était plus contestable.....* »

Et plus loin (p. 15) :

« Nous avons mentionné le principe en vertu duquel le jugement du crime commis par un étranger contre un indigène, est dévolu aux tribunaux du pays. Le privilége accordé à tous les étrangers en Orient consiste en ce que *l'application de la loi* est réservée à l'autorité dont relève l'étranger, qui, par *conséquent ne peut subir que la loi de son pays.* Un délégué du consulat assiste à l'enquête et à l'instruction du procès, en qualité de témoin de la procédure, et même en qualité de conseil, mais sans aucun droit d'interpréter la loi (?). *L'acte judiciaire constatant l'acquittement ou la condamnation* est remis par *l'autorité du pays au consulat,* qui doit aviser *à l'application de la loi.* Il dépend du degré d'autorité dévolu par le gouvernement respectif, soit d'appliquer la loi, soit d'expédier le coupable à l'autorité compétente du pays dont il est sujet. Ce principe découle des capitulations mêmes, et est en vigueur dans tout l'Orient. Néanmoins le *consulat d'Autriche* exige depuis peu d'années *que les tribunaux du pays se bornent à faire l'instruction du procès, et que les actes de l'instruc-*

tion lui soient remis pour être envoyés, conjointement avec l'accusé, *dans le pays à la juridiction duquel appartient ce dernier,* pour que le procès y soit définitivement jugé..... Les tribunaux d'Autriche pouvant *ne pas se conformer à la procédure valaque,* et étant toujours en droit de *récuser l'instruction,* un sujet autrichien convaincu d'un crime quelconque commis en Valachie peut *être acquitté par le tribunal de son pays,* et retourner impunément dans le lieu où le crime a été perpétré. Ces cas sont très-fréquents et donnent lieu à un *scandale permanent.* »

Après avoir lu ce beau réquisitoire, tout jurisconsulte français, allemand, anglais ou autre, doit s'écrier forcément : Celui qui a pu le formuler n'a jamais fait son droit; car il ignore évidemment les principes élémentaires du droit pénal général.

Vous avouez qu'en vertu des capitulations, un étranger accusé d'un crime commis dans votre pays, « *ne peut subir que la loi de son pays* ». En effet, vous avez parfaitement exprimé par cette thèse le principe fondamental des capitulations. Mais tout en le reconnaissant, vous tâchez de le renverser, en méconnaissant les *premiers principes de jurisprudence.* —Vous voulez que l'autorité locale conduise le procès d'instruction criminelle sous la surveillance, mais nullement sous le contrôle du consulat étranger respectif, et qu'elle ait à connaître par un *verdict souverain* et *sans appel* de la *culpabilité* de l'accusé, en ne réservant au tribunal de la patrie de l'accusé que *l'application de la peine à infliger.* Et vous appelez

cela « être soumis aux lois seules de sa patrie? »
Vous ignorez donc qu'en *France*, en *Autriche*, en
Prusse, le Code de procédure criminelle, les formes
légales du droit *britannique*, etc., etc., frappent de
cassation et *de nullité* toute instruction judiciaire conduite en violation de certaines règles fondamentales
prescrites par la loi, ou manquant aux formalités
instituées par la législation du pays, soit en faveur
de la défense de l'accusé, soit en faveur de l'action
publique?—Vous voulez que le juge français, autrichien, etc., envoie l'accusé ou l'homme livré à la
justice de sa patrie sous un arrêt de culpabilité des
Moldo-Valaques, vous voulez qu'il l'envoie au bagne,
qu'il le condamne aux travaux forcés, à l'échafaud
même, sans s'inquiéter des éléments sur lesquels sa
culpabilité a été reconnue?

Mais supposons que des témoins à charge n'aient
pas été confrontés avec l'accusé; qu'on n'ait pas
cité les témoins à décharge, appelés par la défense;
que, de notoriété publique ou par des faits anté-
rieurs et *constatés*, le juge d'instruction, ou un ou plusieurs de vos juges participant à l'arrêt de culpabilité,
aient été ses ennemis personnels, ou eussent intérêt à
sa condamnation; que la défense ait offert de convaincre certains témoins à charge de faux témoignage,
et que le tribunal ait passé outre; que le magistrat
chargé de l'instruction, ou que l'un des juges connais-
sant de la culpabilité, ait été parent de la partie civile;
qu'il n'y ait pas eu pour l'arrêt affirmant la culpabilité, la majorité voulue par la loi; enfin que certaines

preuves admises par les magistrats moldo-valaques contre l'accusé ne soient pas admissibles d'après les lois de sa patrie; eh bien, selon votre théorie, le juge français, anglais ou autrichien, devant lequel l'accusé « ou le convaincu » (d'après vos procédés) sera « expédié, » l'autorité compétente de son pays, sans s'arrêter aux plaintes et griefs de l'homme traduit devant sa barre, de ce que les règles fondamentales de la législation criminelle de sa patrie ont été violées à son égard, — devra envoyer aux galères ou livrer à l'exécuteur des hautes œuvres le malheureux, dont le procès criminel eût été cassé et annulé s'il avait été conduit par des magistrats indigènes! Mais, monsieur, c'est un non-sens juridique que vous voulez imposer comme règle générale à la magistrature des pays étrangers, et vous ne comprenez pas que du moment où un tribunal autrichien, français, anglais ou prussien, doit connaître d'une cause criminelle en dernière instance, soit pour l'application de la peine, soit comme cour de cassation surtout, il est *de son devoir* de vérifier le mode de procédure suivi contre l'accusé, ainsi que la forme dans laquelle l'arrêt de culpabilité a été rendu. Et l'accusé, qui, de votre propre aveu, « *a droit à la justice de son pays* » serait privé des garanties les plus précieuses de la vie, la liberté et l'honneur, accordées à tout citoyen par les lois, tout en se trouvant en dernière instance devant les magistrats de son pays? Quelles idées singulières et bizarres sur l'administration de la justice que les vôtres! Si les magistrats de votre pays n'en ont pas de notions plus claires, il y a bien lieu à ne pas encore leur confier la juridiction sur les étrangers qui se trouvent sur votre sol.

Vous parlez du « scandale » produit par le retour d'un étranger déclaré coupable d'un crime ou d'un délit par vos tribunaux, mais absous par les juges de son pays. Apprenez donc, monsieur, que le plus grand scandale aux yeux de tout honnête homme serait la condamnation d'un innocent ou d'un accusé contre lequel il n'y a pas de preuves convaincantes, ou bien une condamnation sur la foi d'une procédure irrégulière. D'après les principes de nos Codes, à nous, les fautes graves commises par le magistrat dans l'instruction criminelle d'un procès en violation de la loi commune, profitent à la défense, et dans le doute nos juges, à nous, doivent renvoyer l'accusé de la plainte. Cela vous paraîtra singulier, mais enfin c'est l'usage de nos pays; et nous osons même avancer que ce sont là *des principes élémentaires* du système pénal de la France et de l'Autriche, comme de l'Angleterre, de la Prusse, de la Suède et de tout autre pays européen. Or, d'après ce que nous avons vu au chapitre précédent des procédés suivis parfois dans les principautés danubiennes en matière civile, il se pourrait bien que, grâce à l'instruction vicieuse d'un procès criminel, conduite par vos magistrats, un étranger, effectivement coupable d'un crime ou d'un délit commis en Moldavie ou en Valachie, échappât quelquefois à la vindicte des lois pénales de son pays. Jamais les ennemis les plus acharnés de l'Autriche

n'ont reproché à la magistrature autrichienne d'user
de trop d'indulgence dans l'application de la loi pénale. Mais si, dans son âme et conscience, et selon
les lois qu'il a juré d'appliquer sans haine ni passion,
— si le juge autrichien ne peut pas condamner un
homme à des peines afflictives ou infamantes sur la
foi d'une procédure conduite peut-être contre les
règles générales adoptées par toutes les nations civilisées, comme celle que nous avons rencontrée dans
l'application de la loi civile : alors « le scandale » de
la mise en liberté de l'accusé ne retombe pas sur lui,
mais bien sur les juges étrangers, qui ignoraient ou
qui méconnaissaient les premiers principes de droit
dans l'instruction criminelle ou dans la connaissance
des faits incriminés.

Pour complément de ce que nous savons déjà des
connaissances de l'auteur de la brochure, *l'Autriche
dans les Principautés danubiennes*, en fait de droit
et de jurisprudence, nous mentionnerons en passant,
qu'après avoir posé en principe, à la quinzième page,
que la connaissance du fait incriminé appartient à
l'autorité locale, tandis que « l'application de la loi »
revient à la juridiction du pays de l'accusé, il se plaint
gravement à la seizième page, de ce que le consulat
autrichien à Bukharest ait protesté contre une sentence
de « la haute cour valaque », du 15 février de cette
année, condamnant un sujet autrichien à « 30 coups
de verges et 50 francs d'amende, » pour avoir donné
un coup de bâton à un Valaque. Malgré ce qu'il
vient de dire à l'instant même de l'application de la

peine, réservée aux autorités du pays de l'étranger, notre auteur ne comprend pas comment le consul général d'Autriche a pu trouver cet arrêt « contraire aux traités, » ni comment ce fonctionnaire a eu la prétention d'avancer que « la compétence des tribunaux à l'égard des sujets autrichiens se bornait à faire l'instruction seulement, et à la remettre au consulat. » — Il fait des progrès notables, notre auteur, tout en écrivant, comme vous le voyez; car d'une page à l'autre le privilége garanti à tout étranger « *de ne pouvoir subir que la loi de son pays* » se réduit à la douce consolation de se voir appliquer les « coups de verges » décrétés par les autorités valaques, par le moyen de verges autrichiennes, françaises ou anglaises, selon sa nationalité, mais jamais par des verges valaques! De tels progrès peuvent enchanter MM. les enthousiastes du futur royaume daco-roumain, mais nous doutons fort que les fameux « trente coups de verges » — que ces atroces Autrichiens refusèrent d'appliquer à un des leurs, malgré l'arrêt de « la haute cour valaque », sous le futile prétexte que « la loi de leur pays » s'y oppose, — soient sa loi, n'importe où, comme symbole de « la cause de la civilisation et du progrès » contre l'opposition obstinée de ces Autrichiens rétrogrades. M. le consul général de France les aurait-il fait appliquer à un Français habitant de Bukharest sur l'arrêt de « la haute cour valaque, » et par respect de l'autonomie roumaine?

VI

Passons à la *juridiction civile* et *spécialement aux affaires de faillites* et aux *procès commerciaux.*

Il existe à ce sujet des *principes établis,* conformes aux capitulations et traités, et appliqués *par toutes les nations* à l'égard de leur juridiction sur les nationaux établis ou résidant en Turquie ou dans une des provinces soumises à la suzeraineté de la Sublime Porte. Les consulats autrichiens ne s'arrogent, sous ce rapport aussi, aucunes prérogatives autres que celles exercées par leurs collègues d'Angleterre, de France, etc.

En principe, la compétence en matière civile est différente selon le for des parties intéressées.

Le procès civil d'un étranger contre un autre étranger domicilié sur le territoire de l'empire ottoman est du ressort de la juridiction consulaire du défendant.

Le procès d'un étranger domicilié ou non domicilié dans une des provinces faisant partie de l'empire ottoman, contre un sujet de la Sublime Porte ou d'une des principautés vassales de la Turquie, est jugé par la magistrature locale.

Enfin les plaintes et demandes en justice d'un indigène contre un des nationaux étrangers établis dans ces pays, sont de la compétence du tribunal ottoman, ou du tribunal moldave, valaque, etc., selon le domicile du défendant.

Néanmoins, dans ces deux derniers cas, le consulat dont relève l'étranger a le droit de surveiller les actes et la procédure des tribunaux du pays et de sauvegarder les intérêts et droits de ses nationaux.

Enfin ce sont *toujours* les agences étrangères (les consulats, vice-consulats, etc.) auxquelles revient seul *l'exécution* des arrêts rendus contre leurs nationaux; soit par leur propre tribunal, soit par celui de leur pays, soit enfin dans les affaires mixtes par le tribunal indigène.

Nous le répétons, ce ne sont pas là des principes arbitrairement adoptés par le gouvernement autrichien, ce sont ceux inscrits dans les capitulations et traités et suivis par *toutes les puissances européennes* dans l'exercice du droit de protection sur leurs sujets, résidant dans l'empire ottoman, et, par conséquent aussi, dans la Moldavie et la Valachie.

Quant aux procès de faillite, presque chaque numéro du « journal de Constantinople » contient des publications des consulats français, anglais et autres, portant convocations de créanciers, nominations de curateurs, termes pour la clôture du classement des créances, etc., de leurs nationaux déclarés en état de faillite. De l'aveu même de la brochure dont nous nous occupons, les consulats anglais dans les principautés s'adjugent, eux aussi, tout comme les agences autrichiennes, le droit « de juger les faillites » de leurs nationaux.

La déclaration de faillite n'est autre chose, dans le sens légal, que l'exécution générale sur les biens du failli. Or, comme toute exécution contre un de leurs

nationaux est de la compétence des agences et consulats européens, les affaires de faillites sont nécessairement aussi de leur ressort; eux seuls ont droit et
autorité d'ordonner les mesures préventives voulues
par la loi, pour la préservation de la masse et de
s'assurer, selon l'urgence, de la personne du failli.
Cette première opération, toute préventive et exécutive, ne peut ressortir que du for personnel du failli.
Parmi ceux qui ont des notions scientifiques de droit
et de jurisprudence, il n'y aura pas de discussion sur
la thèse que le juge compétent d'un individu est et
doit être nécessairement appelé à sauvegarder les
droits et intérêts communs des créanciers, contre le
même individu, soupçonné ou convaincu de n'être
pas en état de remplir ses engagements commerciaux,
soit momentanément, soit en général, ou qui déclare
lui-même se trouver dans cette position. Vouloir argu-
menter dans un sens contraire, ce serait supposer que
les conventions de droit entre les États européens et
la Sublime Porte n'ont pas eu pour *but principal* de
veiller aux droits et intérêts de *toutes* les parties civiles,
ainsi qu'à la bonne administration de la justice en
matière de faillites : supposition inadmissible en droit,
et blessante en fait pour les hautes parties contractantes.

A notre point de vue de jurisprudence, pour
nous légistes des États constitués de l'Europe, le
procès de faillite et de concours n'est pas une course
au clocher où le plus adroit gagne le prix, tandis
que les autres, moins habiles ou moins bien montés,

doivent rentrer chez eux les poches vides, au milieu des risées des spectateurs, comme vous paraissez envisager le but idéal de cette procédure. Malheureusement nous avons vu que vos juges moldaves, dans les cas cités plus haut, l'ont considéré comme vous, et telle est l'opinion du commerce étranger sur la justice administrée trop souvent chez vous en cette matière, que nous connaissons des procès de faillites, où les créanciers étrangers ont préféré payer intégralement et *de leurs propres deniers* les créanciers moldaves du *dernier* classement de leur débiteur en faillite, rien que pour éliminer toute intervention de magistrats indigènes dans la gérance et dans la distribution de la masse. Quant à la vérification et au classement des créances, l'usage suivi veut que les étrangers les fassent faire devant leurs consulats respectifs, tandis que les créanciers indigènes les poursuivent devant les tribunaux du pays; les arrêts de ces derniers sont *acceptés tels quels* par les consulats, qui *les respectent et exécutent* dans la répartition de la masse, conformément au principe, que dans les contestations et procès d'un indigène avec un étranger les autorités du pays ont seules à en connaître. Il est vrai que ce double for a des inconvénients aussi, et qu'il présente parfois des anomalies de droit choquantes, dans le traitement des différents créanciers; mais ces anomalies sont toutes à l'avantage des sujets des principautés. Ainsi, par exemple, la *loi moldave* accorde à la *femme* d'un négociant *pour ses biens dotaux*, ainsi qu'au *mineur* pour sa *fortune* contre son tuteur, *un privilége* même *sur les créanciers hypothécaires inscrits et sur ceux qui sont nantis d'un gage.* Or, comme la femme d'un Autrichien, d'un Français, etc., etc., suit toujours la nationalité de son mari et que les lois autrichiennes ou françaises ne stipulent pas ce privilége exorbitant en faveur des biens dotaux, etc.; comme, d'autre part, les étrangers domiciliés dans les principautés ne sont pas nommés tuteurs ou curateurs de mineurs des familles indigènes, il est clair que les étrangers, créanciers hypothécaires ou nantis de gages d'un commerçant moldave en état de faillite, doivent souffrir le préjudice imposé par la loi du pays, tandis que les créanciers moldaves d'un négociant français, autrichien ou anglais, domicilié dans leur province, ne peuvent jamais subir un tel dommage, par la raison même que les lois de son pays, auxquelles il reste soumis, ne connaissent pas ces priviléges odieux.

VII.

Nous arrivons à une autre série de reproches adressés par l'auteur de la brochure aux consulats européens dans les principautés, et surtout à ceux de l'Autriche.

« Les droits si exorbitants, dit-il, que s'est arrogés dans ces dernières années (?) la juridiction consulaire dans les principautés, ne s'appliquent pas aux sujets étrangers seuls. Un grand nombre d'indigènes qui veulent se soustraire à l'impôt ou à la juridiction du pays, parviennent à se couvrir de la protection d'*un* consulat, et, tout en demeurant dans le pays, se constituent une espèce de position ex-territoriale.... Ces exemples sont très-fréquents *dans la bourgeoisie.* »

Supposons un moment que la vérité du fait avancé par notre adversaire soit constatée. Quel triste témoignage ne porterait-il pas de l'état légal de vos provinces, et du patriotisme qu'il inspire à votre tiers état ! A-t-on jamais entendu que des Français, des Anglais, des Autrichiens, des Prussiens, etc., établis honorablement dans leur pays, aient eu « fréquemment » l'idée de rechercher une protection étrangère pour se soustraire à l'impôt ou « *à la juridiction* » *de leur propre patrie ?* Des milliers, des centaines de milliers d'industriels, de négociants, d'artisans de toutes les classes de nos pays vont à l'étranger pour y faire des affaires, pour y exercer leur profession, pour s'y perfectionner dans leur art, pour y gagner de l'argent ; bien souvent ils y séjournent des années entières et y fondent des établissements. Certainement il y en a beaucoup qui s'établissent définitivement au pays étranger où ils ont réussi, où ils ont formé des liens de famille et qui se font citoyens du pays de leur adoption. Cela se fait de France en Allemagne, d'Autriche ou de Prusse en Angleterre et *vice versa*, selon les convenances personnelles des émigrants. Mais que, « fréquemment » encore, des Français aillent en Angleterre, des Autrichiens en France, des Prussiens en Autriche, que nos bourgeois probes et honnêtes aillent à l'étranger, rien que pour « se soustraire à l'impôt ou à la juridiction de leur pays » ;

que dans ce but ils se fassent recevoir citoyens du pays étranger, soit pour y séjourner, soit surtout pour *rentrer dans leur ancienne patrie sous la protection étrangère ;* c'est là une chose *moralement impossible,* et il n'y a pas de pays légalement constitué dans le reste de l'Europe auquel de nombreux habitants, nés sur le sol, veuillent infliger un tel affront. Vous dites la Moldavie et la Valachie mieux gouvernées, mieux administrées que la Turquie. Nous ne discuterons pas là-dessus ; mais jamais on n'a entendu dire que des musulmans aient recherché une protection étrangère « pour se constituer une espèce de position ex-territoriale » dans leur propre patrie, ou « pour se soustraire à la juridiction de leur pays. » La raison, monsieur, en est très-simple : c'est qu'ils préfèrent eux, comme nous autres sujets de puissances européennes, la juridiction indigène et les lois de la patrie à toutes les autres. Il serait bien malheureux qu'il n'en fût pas de même dans les principautés danubiennes, et la satire que vous lancez contre l'état légal de ces pays est d'autant plus sanglante, que vous prenez vos acteurs dans cette classe honorable de la bourgeoisie qui forme un élément notable, éclairé et patriotique de la population des États modernes.

Vous nous racontez :

« La ville de Bukharest a près de cent cinquante mille habitants et fait un très-grand commerce. On y compte au moins deux cents négociants qui devraient payer la patente de première classe. Il n'y en a que douze qui payent cette patente. Tous les autres en sont affranchis, grâce à la juridiction consulaire. Observons que la patente est excessivement modique, 250 piastres, soit 80 francs. A l'époque où elle fut établie (1830), le pays était pauvre; il fallait d'ailleurs encourager le commerce. Depuis lors la richesse publique a augmenté au vingtuple.... Le budget même de l'État a quadruplé ou quintuplé. *Mais on ne touche pas au taux de la patente; on risquerait de rester sans un seul patenté. Tous les marchands, sans exception, se placeraient sous la protecion du consulat d'Autriche.* »

Lisez ce passage au premier mercier de la rue Saint-Denis à Paris, à un épicier quelconque de « Cheapside » à Londres, à un négociant en bonneterie de la « Königstrasse » de Berlin, au dernier marchand de bric-à-brac du « Tandelmarkt » de Vienne, au petit boutiquier de la « Fahrgasse » de Francfort, au commerçant de la dernière classe d'une ruelle de Moscou; posez-lui la question, si le commerce de la ville ou bien un certain nombre de ses membres, pour échapper à une augmentation de l'impôt de la patente, voudraient se dénationaliser, en se plaçant sous la protection d'un consulat étranger, et soyez bien sûr qu'il vous traitera comme un homme qui veut offenser ses citoyens, son État et ses sentiments patriotiques.

Et vous, monsieur le boyard, vous osez insulter le *commerce entier de votre pays,* jusqu'au point de prétendre qu'une augmentation du droit sur la patente, fût-elle juste, modérée et nécessaire, porterait *tous vos marchands sans exception à se dénationaliser,* et que

vous risqueriez « de rester sans un seul patenté ! »
Vous oubliez donc complétement, monsieur, que les
écrivains moldo-valaques de vòtre école .et de votre
tendance remplissent, depuis deux à trois ans, tous les
journaux de l'Europe de phrases et de déclamations
sur le *vif sentiment national et patriotique* qui règne
chez vous? ou bièn le tiers état ne compterait-il pas
à vos yeux? La boyarie serait-elle par hasard la seule
et véritable expression des sentiments politiques daco-
roumains, appuyée, comme elle l'est, sur la masse
méprisée de ses anciens serfs? La bourgeoisie de vos
pays serait-elle en effet dénuée de tout sentiment national et patriotique?

Mais non, cent fois non. Dans votre haine politique vous injuriez, vous calomniez la classe la plus
respectable de la population moldo-valaque. Vos passions vous entraînent à dénaturer les faits. Vous mé-
connaissez la valeur de vos classes moyennes, par
éducation plutôt que par principe; et, élevé comme
vous l'êtes dans les doctrines de l'école du siècle dernier, vous voyez dans les étrangers honnêtes et appliqués, qui, sous la protection des traités, sont venus
s'établir dans vos pays pour y apporter leur industrie
et faire fleurir le commerce, vous ne reconnaissez en
eux que des intrus, d'autant plus odieux à vos
yeux qu'ils ne sont pas corvéables et taillables à
merci. Ce n'est pas à vos sentiments, ce n'est qu'à
votre instruction qu'il faut s'en prendre. Vous savez
très-bien, du reste, que chez vous comme partout
ailleurs, un indigène ne peut changer à son gré la

nationalité à laquelle il appartient, sur le sol même qui l'a vu naître, ni se dérober aux lois de son pays en se mettant simplement sous la protection d'un consulat étranger. Il est vrai que, récemment, au dire des journaux, des sujets grecs de la Sublime Porte ont essayé de le faire; mais le gouvernement du Sultan n'a pas reconnu la légalité de ce nouveau mode de s'expatrier sans quitter le sol de son pays, et il a protesté contre ces procédés irréguliers, touchant de près à la félonie. Nous avons la conviction que les hospodars de la Moldavie et de la Valachie auraient rempli leur devoir à ce sujet, eux aussi, et que, s'il y a eu contestation sur cette matière, elle ne peut avoir eu lieu qu'à l'égard d'individus dont l'origine et la nationalité étaient douteuses.

VIII.

Quiconque connaît tant soit peu le fardeau des affaires dont les agences et consulats étrangers sont accablés, en Orient, et surtout dans les principautés danubiennes, doit savoir que, loin de vouloir s'en faire de nouvelles, en augmentant le nombre de leurs protégés, ils sont heureux quand ils se trouvent dans le cas de pouvoir décliner leur compétence, et de renvoyer devant les autorités du pays les nombreux solliciteurs qui viennent réclamer leur protection. Leur besogne est trop lourde, leur tâche est trop difficile, les innombrables détails des affaires particulières des nationaux dont ils ont à s'occuper, absorbent trop le temps, et épuisent les forces de leurs subordonnés, pour qu'ils aient le moindre désir d'agrandir le cercle de leur activité administrative. Par les nombreuses relations de commerce des sujets autrichiens avec les provinces danubiennes, les consulats d'Autriche, plus que tous les autres, souffrent de cet accablement de travail, et bien des fois ils se trouvent hors d'état d'y suffire. Il faudrait donc supposer à ces fonctionnaires un zèle presque surhumain pour leur imputer le désir d'augmenter à l'infini les classes et le nombre de leurs protégés.

L'auteur de la brochure accuse néanmoins les consulats autrichiens d'augmenter sans motifs légaux le nombre des protégés impériaux dans toutes les classes de la population des principautés. A l'entendre, ce ne serait pas seulement la classe des commerçants, qui n'attend que l'occasion pour passer en masse sous les drapeaux protecteurs de l'Autriche, ce seraient encore les paysans, les juifs, et jusqu'aux bohémiens indigènes, parmi lesquels les consulats d'Autriche viennent faire des levées de sujets autrichiens de bonne volonté. La progression lui en fait tellement peur, qu'on croirait entrevoir le moment, dans l'avenir, où la majeure partie de la population daco-roumaine serait passée sous la domination autrichienne, sans s'être déplacée et sans que les frontières eussent été reculées.

Il est presque inutile de dire que ce sont là des fantasmagories ridicules. Passons rapidement en revue les différentes catégories que notre boyard désigne ; nous verrons comment cet échafaudage d'illusions va

4.

promptement crouler, ne reposant que sur des idées oligarchiques et surannées, qui ne peuvent ou ne veulent pas s'accommoder à l'ordre de choses établi dans les États modernes.

L'auteur ne comprend pas pourquoi le consulat d'Autriche ne se borne pas à prendre sous sa protection « les commerçants détaillants, industriels ou artisans sujets autrichiens qui pullulent dans les principautés (nous reproduisons son style élégant), mais qu'il réclame encore comme sujets de l'empire tous les villageois laboureurs qui seraient originaires de l'Autriche, ainsi que leur descendance. » Nous lui répondrons qu'en Autriche le paysan n'est ni plus ni moins considéré comme sujet libre de l'Empereur que le commerçant, l'industriel, l'artisan ou le gentil-homme, et que le « villageois laboureur » n'a pas moins de droits à la protection du gouvernement de sa patrie, pour lui et pour ses enfants, tant à l'intérieur qu'à l'étranger, que le premier magnat de l'empire. Si toutefois cela paraissait étrange à notre adversaire, et tout à fait incompatible avec les idées gouvernementales qu'il s'est formées, nous lui avouerons, à notre tour, que nous ne comprenons rien à la distinction qu'il établit entre la protection de l'État due au négociant et à l'industriel, et celle qui ne serait pas due au villageois laboureur domicilié à l'étranger. Si effectivement il est sujet étranger, domicilié chez vous, que vous importe son état, pour le ranger sous la protection de son pays ou pour l'en priver ? Est-on moins de son pays à vos yeux en conduisant la char-

rue qu'en maniant l'outil ou en tenant l'aune ?
Mais nous nous trompons. Il nous semble avoir entendu dire à des gens très-bien instruits des affaires
de votre pays, que jusqu'ici vous n'avez qu'un très-
petit nombre de « paysans » chez vous, de cette
classe d'agriculteurs bien entendu, qui cultivent leurs
propres champs et qui en vivent eux et leurs familles,
travaillant durement, mais en hommes libres et in-
dépendants, de cette classe sobre, religieuse, brave
et monarchique qui forme, dans nos pays de l'Europe centrale et occidentale, l'élément fondamental
et hautement respectable de l'ordre social tout entier.

D'après ces renseignements puisés à bonne source,
vous connaissez à peine chez vous cette classe importante, et je dirais sans crainte d'être contredit, la
plus importante de nos populations, puisque la masse
de vos « villageois laboureurs » étant sans propriété
rurale suffisante, est obligée de labourer et de cultiver les biens du seigneur, qui, jusqu'ici du moins,
et surtout dans les propriétés éloignées des villes et
des grandes routes, pouvait maltraiter ces malheureux « villageois laboureurs » selon son caprice. Vous
n'ignorez certainement pas que dans la condition
abjecte où se trouve encore le paysan moldo-valaque,
la culture du sol est loin de répondre à sa fertilité;
c'est pourquoi les boyards accueillent avec joie l'a-
griculteur étranger, qui vient suppléer au manque
de bras pour le labour des terres. Ce besoin est
tellement pressant, que les gouvernements de Valachie et de Moldavie, dans les conventions ou cartels

(mentionnés ci-dessus) conclus par eux avec les autorités impériales de la Galicie pour l'extradition réciproque des déserteurs, ont fait stipuler explicitement et comme une faveur, que l'Autriche renonçât au droit de réclamer l'extradition ou le renvoi dans leur patrie d'individus qui seraient passés sans passe-port en Valachie ou en Moldavie « et se seraient *établis sur une ferme;* ou dont le passe-port se trouverait déjà expiré, mais qui, pendant la durée du terme de leur passe-port, se seraient voués sur le territoire étranger *à l'agriculture,* ou à une autre branche d'industrie, *soit pour leur propre compte, soit pour celui d'un maître* au service duquel ils seraient entrés, » comme l'usage en était déjà établi jusqu'à présent, à l'égard de ces derniers individus. Or, ces « villageois laboureurs » étrangers trouvant auprès des consulats de leur pays une protection efficace contre l'oppression ou la brutalité du « maître » dont ils cultivent les terres, peuvent être d'un mauvais exemple pour les laboureurs indigènes, livrés sans garantie légale ou sociale au bon vouloir du boyard dont ils relèvent, eux ou les terres qu'ils labourent, et envers lequel ils doivent « s'acquitter de la corvée. » (Pag. 21.) Nous connaissons maintenant le motif de la différence établie par notre auteur entre la protection consulaire à accorder à un sujet appartenant au commerce ou aux professions qui s'exercent généralement dans les villes, et celle à accorder, ou plutôt à ne pas accorder, à un « villageois laboureur » de nationalité étrangère. Mais pour n'avoir pas de passe-port ou pour ne pas avoit fait renouveler son passe-port périmé, l'on ne perd pas sa nationalité ; et pour ne pas pouvoir réclamer l'extradition ou le renvoi dans sa patrie d'un homme qui se trouve en faute contre un règlement de la police de son pays natal, le consul d'Autriche n'est nullement autorisé à refuser à ce même homme ou à sa famille la protection qu'il doit à tout sujet de son souverain, résidant dans le pays où il fonctionne.

IX.

Résumons le reste des reproches, adressés par la brochure « *l'Autriche dans les principautés danubiennes* » aux consulats d'Autriche.

Elle se plaint de ce que des juifs polonais d'origine russe, domiciliés en Moldavie, figurent sur les listes des protégés du consulat autrichien. Cela se peut. En vertu du traité de 1851 entre la Russie et l'Autriche, les israélites russes habitant le territoire autrichien pendant un terme de plus de cinq ans, perdent leur nationalité et deviennent, par ce fait même, sujets autrichiens. Certainement le gouvernement impérial n'avait pas une envie démesurée de voir augmenter de la sorte cette classe de ses sujets ; mais enfin, puisque la Russie ne voulait pas les reprendre, il fallait bien leur accorder le refuge d'une nouvelle patrie sur le sol où ils se trouvent. Dès ce moment ils deviennent sujets autrichiens comme tous les autres, et si quelques individus de cette classe pas-

sent dans les provinces danubiennes, les consulats
d'Autriche ne sauraient leur refuser la protection
qu'ils doivent à chacun de leurs nationaux.

A ce propos nous devons mentionner le fait, que
le gouvernement valaque essaya de faire en 1850,
lui aussi, une distinction entre les sujets autrichiens
chrétiens et juifs, et qu'il voulut refuser à ces derniers
la jouissance des priviléges accordés *ab antiquo* aux
sujets de l'empereur d'Autriche, comme à ceux des
autres puissances européennes. La chancellerie impériale de Vienne dut rappeler au gouvernement valaque non-seulement les principes de droit international
qui ne reconnaissent pas ces distinctions dans l'application des droits accordés indistinctement aux sujets
d'une puissance, mais encore la stipulation expresse
du premier article du traité de Passarowitz (de 1718),
voulant que les franchises accordées soient applicables
aux individus « *cujuscunque nationis et religionis,* qui
actualiter regimini imperiali regio subjacent, vel quo-
cunque tempore, modo et titulo subjacere debent. »

L'auteur de la brochure se plaint gravement de la
protection accordée par les consulats autrichiens aux
pâtres transylvains (connus sous le nom de «mocans»),
qui viennent hiverner avec leurs troupeaux dans les
principautés, ou qui les traversent pour aller chercher
des pâturages sur les rives du Danube. Il voit un abus
du pouvoir protecteur dans la prétention des consulats autrichiens de ne pas permettre le prélèvement
d'impositions nouvelles ni l'application de nouveaux
règlements restrictifs des autorités locales à l'égard

de ces pâtres et de leurs troupeaux, sans le consentement préalable du gouvernement autrichien. — Il s'agit là tout simplement d'une ancienne « servitude » dans le sens légal du mot, ou plutôt d'un « *droit coutumier* » (selon l'expression du Code civil de France), existant depuis des siècles, réglé légalement et par actes internationaux, par un firman du Grand Seigneur, daté du 4 décembre 1786, adressé au prince Nicolas Maurojeni, voivode de Valachie, ensuite par un autre firman du sultan Sélim III de 1795, adressé au voivode de la Moldavie, et qu'on peut trouver dans le Recueil de Martens. Or, il ne faut pas être grand jurisconsulte pour comprendre, qu'il n'est pas facultatif d'abolir ou de restreindre un droit coutumier au détriment de personnes tierces, sans le consentement de ceux qui représentent légalement leurs intérêts, et moins encore de déroger par un acte d'autonomie locale, en faveur des propriétaires indigènes à un engagement international, sanctionnant et réglant l'usage de ce droit coutumier en faveur de sujets étrangers, qui l'exercent depuis des siècles.

Ce que l'auteur de la brochure précitée a le plus en horreur, ce sont « les caporaux autrichiens », comme il se plaît à les nommer, qui font le service auprès des consulats impériaux au lieu des « *cavass* » turcs ou des « *doborautz* » moldo-valaques, « donnés par l'État et rétribués par le consulat ». C'est, à ses yeux, « s'arroger un droit, qui n'est stipulé par aucun traité, que d'avoir à son service des *caporaux* autri-

chiens ». — Si les traités ne stipulent pas explicitement que les consuls ne peuvent avoir à leur service
que des personnes agréables au gouvernement local
ou choisies par lui, nous ne concevons vraiment pas
un empêchement légal à l'exercice d'un droit commun à tout le monde, de prendre à son service les
individus qui lui conviennent, fussent-ils même de
cette terrible catégorie des « caporaux ». Pour calmer
les appréhensions de l'auteur, nous lui ferons remar-
quer, que ces « caporaux » (dont le grade paraît si
horrible à ses yeux qu'il l'*écrit avec huit majuscules*),
sont des « sergents ». Après avoir fait la longue et
triste expérience que les indigènes « donnés par l'État
et rétribués par le consulat » étaient pour la plupart
des gens indignes d'un service de confiance, violents,
despotiques et surtout excessivement corruptibles dans
l'exercice de leurs fonctions, les consulats d'Autriche
ont préféré employer à ce service des hommes choisis
dans le corps des sous-officiers de l'armée autrichienne,
sur la recommandation de leurs chefs, entre les sergents les plus instruits, les plus honnêtes et les plus
intelligents. L'uniforme qu'ils portent leur rappelle
et le strict devoir et la responsabilité sévère à laquelle
ils sont soumis. Il se peut que ces vertus mili-
taires même les rendent quelquefois désagréables ou
incommodes aux yeux des agents moldo-valaques,
avec lesquels ils sont chargés de traiter d'affaires concernant les nationaux soumis à la juridiction consulaire; mais si l'on voulait que les sujets étrangers
fussent soumis au même régime que les indigènes,

on ferait mieux d'abolir d'un coup la juridiction consulaire, que d'obliger les consulats à prendre pour organe de la loi de leur pays des individus incapables ou suspects.

Notre auteur ajoute d'autres plaintes encore, et qui caractérisent trop bien son point de vue d'économie politique, pour les passer sous silence. Suivant lui, les autrichiens, établis dans les principautés, les « exploitent ». — Les faits qu'il cite à l'appui de cette assertion (p. 39 et suiv.), sont : 1° « Les trois quarts du commerce et de l'industrie sont entre les mains des Autrichiens, et la seule monnaie qui circule est celle de l'Autriche. » — Ceci prouve mathématiquement que l'industrie et le commerce importés par ces méchants Autrichiens présentent une balance commerciale active et très-importante *en faveur* des principautés, et que c'est surtout grâce *à l'activité des étrangers* que ces pays doivent l'immense progrès signalé par l'auteur (p. 18). Depuis lors (1830), la *richesse publique* a *augmenté* au *vingtuple*, et le budget même de l'État a quadruplé et quintuplé. — 2° « On voit depuis trois ans un grand nombre de propriétés urbaines passer à des sujets autrichiens et *de belles maisons sont construites par eux à Bukharest. Les propriétaires se procurent*, dit-on, *des capitaux à Vienne à 4 %*, lorsque le taux de l'escompte y est de 5 à 7 %, et il *est évident que ces maisons sont hypothéquées à Vienne.* » — Il s'attriste de ce que des étrangers construisent de belles maisons à Bukharest et qu'ils trouvent à emprunter à l'étranger l'argent nécessaire à cet effet, à un taux raisonnable! Vraiment nous croirions offenser nos lecteurs, en essayant de prouver l'absurdité d'un tel reproche! 3° En 1856, une compagnie de capitalistes autrichiens sollicita du prince Stirbey la concession pour l'établissement de chemins de fer en Valachie, et demanda à l'hospodar de Moldavie l'autorisation de former une banque d'escompte et de crédit.—N'est-ce pas affreux? Aussi « l'opinion publique dans les principautés s'en émut », c'est-à-dire qu'un article maladroit et hyperbolique publié à cette époque par un professeur allemand dans la « Gazette autrichienne » de Vienne servit de prétexte aux ennemis de l'Autriche, pour faire adresser aux divans des deux pays un mémoire rédigé dans le sens de l'auteur de la brochure « *l'Autriche dans les principautés danubiennes* ». En effet, le prince Stirbey, à la veille d'abdiquer, ne crut pas pouvoir accorder la concession dans un tel moment. Nous allons compter l'année 1859, et ni en Moldavie, ni en Valachie, il n'y a eu un commencement d'études pour l'établissement d'un chemin de fer. Mais à Jassy les tendances de notre vaillant auteur prévalurent. La compagnie autrichienne fut éliminée et la concession pour l'établissement d'une banque de crédit accordée à une compagnie concurrente. Aujourd'hui la banque de Moldavie est en faillite ouverte, et le gouvernement moldave lui-même en a ordonné la clôture et la liquidation!

CONCLUSION.

La juridiction consulaire sur les nationaux a été établie et elle s'exerce dans les principautés sur les mêmes bases internationales et antiques en vertu desquelles elle a été établie; elle s'exerce par toutes les puissances dans toutes les parties de l'Empire ottoman.

Si dans les principautés danubiennes l'action consulaire autrichienne est plus évidente que celle des autres consulats européens, la raison s'en trouve dans les relations nombreuses de commerce et d'industrie entre l'Autriche et les principautés; c'est surtout aux Autrichiens domiciliés dans ces pays que ceux-ci doivent l'essor immense de leur richesse nationale, l'état relativement florissant de leur agriculture, l'accroissement de leurs revenus publics.

Jusqu'ici l'autorité publique, tant administrative que judiciaire dans les principautés, n'a pas offert les garanties de droit nécessaires pour assurer aux sujets des puissances, garantes ou autres, une justice impartiale et conforme aux principes fondamentaux du droit civil et pénal, reconnus par les législations européennes. Si, en Moldavie et en Valachie, les formes et les terminologies ont été assimilées ou empruntées parfois aux codes des États constitués et souverains, le fond et l'esprit de nos législations européennes, ainsi que la bonne et égale administration de la justice, faite par des magistrats intègres, impartiaux, inaccessibles à la corruption, jugeant selon la loi et le droit, sans distinction de personnes, de rang, de fortune ou de nationalité, *l'esprit et le caractère de nos lois, ainsi que l'impartialité de nos magistrats,* ne s'y sont manifestés que bien rarement encore.

Le jour où les principautés danubiennes auront donné aux puissances européennes la conviction d'avoir établi chez elles un état légal, conforme, et dans son *essence* et dans ses *effets pratiques,* aux exigences de la conscience morale et publique des autres États civilisés et chrétiens : ce jour-là même, la juridiction consulaire des puissances sur leurs nationaux, établis ou domiciliés dans les principautés, pourra cesser d'un commun accord.

Certainement la juridiction consulaire en pays étranger fait exception à la règle générale du droit international ; elle n'est qu'une garantie spéciale contre les maux organiques, généralement reconnus et hautement avoués de vos pays. Grande serait la joie et la satisfaction qu'éprouverait l'Europe, qui s'intéresse au sort des principautés, si les nouvelles conditions d'existence légale qui leur sont assurées par la convention du 19 août hâtaient le développement de leurs institutions sociales, judiciaires et administratives, et si elles rendaient enfin à la magistrature indigène le caractère de vertu austère qui, dans nos pays, entoure le sanctuaire de la loi du respect public; toutes les puissances, et nous osons avancer que l'Autriche, plus intéressée à leur bien-être que toutes les autres, n'en serait pas la dernière, tous les gouvernements européens, disons-nous, s'empresseraient de renoncer aux anciens priviléges de la juridiction consulaire. La Turquie, par ses lois nouvelles, est entrée franchement, elle aussi, dans cette voie, et nous croyons fermement que le jour arrivera où sur toute l'étendue de son territoire il n'y aura plus de juridiction consulaire étrangère.

Mais ce jour, désiré par toutes les parties, il faut encore l'attendre. Ayez soin de bien cultiver l'arbre avant d'en vouloir cueillir les fruits ; établissez un bon système d'éducation morale et religieuse, une administration éclairée, une justice loyale et honnête, plutôt que d'épuiser la séve vitale de votre pays dans des luttes stériles, et vous acquerrez assez de confiance chez vos voisins, et auprès de tous les gouvernements européens, pour qu'ils ne songent plus à entourer leurs nationaux, établis chez vous, des garanties, dont il importe d'autant plus de sauvegarder le maintien, que leur légalité est consacrée par le temps et les traités publics, et qu'elles constituent l'essence du droit de protection, dont les puissances chrétiennes couvrent efficacement leurs nationaux disséminés dans les échelles du Levant.